BEI GRIN MACHT SICH IHR WISSEN BEZAHLT

AF141214

- Wir veröffentlichen Ihre Hausarbeit, Bachelor- und Masterarbeit

- Ihr eigenes eBook und Buch - weltweit in allen wichtigen Shops

- Verdienen Sie an jedem Verkauf

Jetzt bei www.GRIN.com hochladen und kostenlos publizieren

Klinische Psychologie II. Sokratische Gesprächsführung, Empowerment, der lösungsorientierte Beratungsansatz sowie das Phasenmodell nach Cullen (2002)

GRIN

Bibliografische Information der Deutschen Nationalbibliothek:

Die Deutsche Nationalbibliothek verzeichnet diese Publikation in der Deutschen Nationalbibliografie; detaillierte bibliografische Daten sind im Internet über http://dnb.d-nb.de abrufbar.

ISBN: 9783346679789
Dieses Buch ist auch als E-Book erhältlich.

© GRIN Publishing GmbH
Trappentreustraße 1
80339 München

Druck und Bindung: Books on Demand GmbH, Norderstedt Germany
Gedruckt auf säurefreiem Papier aus verantwortungsvollen Quellen

Das Buch bei GRIN: https://www.grin.com/document/1245661

Einsendeaufgabe

Klinische Psychologie II

Alternative C

Abgeben am 29.04.2022

SRH Fernhochschule – The Mobile University

Modul: Klinische Psychologie II
Studiengang: B. Sc. Psychologie

Inhaltsverzeichnis

Abkürzungsverzeichnis

bzw.	beziehungsweise
BZfE	Bundeszentrum für Ernährung
BZgA	Bundeszentrale für gesundheitliche Aufklärung
et al.	et alii
ggf.	gegebenenfalls
o.J.	ohne Jahr
S.	Seite
s.O.	siehe Oben
usw.	und so weiter
z.B.	Zum Beispiel

Tabellenverzeichnis

1.Die sokratische Gesprächsführung

Die sokratische Gesprächsführung bzw. der sokratische Dialog stellt eine wichtige Technik der Disputation dar, also der Prüfung dysfunktionaler Gedanken und Konzepte (Mühlig & Poldrack, 2020, S. 661). Diese Strategie der Gesprächsführung wird unter anderem im psychotherapeutischen und Beratungskontext angewandt ist eine rezipierte Form der philosophischen Diskursmethode zur Wahrheitsfindung (Willberg, 2019, S. 130). Damit hat sie ihre Wurzeln in der Antike und wurde durch Sokrates und seinen Schüler Platon entwickelt und angewandt. Die Methode diente dazu Reflexion und die Überprüfung eigener Normen und Werte anzuregen und folglich eigenverantwortliches Denken zu fördern. Stavemann (2015) beschreibt dazu: „Statt neue Wahrheiten zu lehren, wird dem Gesprächspartner mithilfe einer speziellen Fragetechnik aufgezeigt, wie er seine *individuelle Wahrheit* selbst findet" (S. 251). Sokrates nahm dabei die Rolle des interessierten, unwissenden Fragers ein und versuchte somit das behauptete Wissen seiner Gesprächspartner*innen zu prüfen, indem er Fehlschlüsse erkennbar machte. Damit wurde ein Zustand innerer Verwirrung erzeugt, da nun die Untauglichkeit der eigenen Sichtweise aufgedeckt wurde, wodurch sich Motivation für eine kognitive Umstrukturierung erhöhte. Mit dieser Technik schaffte es Sokrates, statt neue Einsicht zu übermitteln, anderen zu helfen ihre eigene Wahrheit selbst hervorzubringen. Dies betitelte Platon auch als „Hebammenkunst" (Stavemann, 2015, S. 251). In Anbetracht dessen, dass sich die ursprüngliche Form des sokratischen Dialogs deutlich von der heutigen in der Psychotherapie und Beratung angewandten Form unterscheidet, beispielsweise dahingehend, dass der Dialog früher eher einem philosophischen Streitgespräch gleichkam, dessen Ziel die Entlarvung der Unrichtigkeit des Gegners war, sind drei wichtige Kriterien zu entnehmen, welche die moderne Form des sokratischen Dialogs kennzeichnen. Diese werden folgend aufgelistet (Willberg, 2019, S. 131):

1. Die Gesprächstechnik hat das Ziel des gemeinsamen Herausfindens einer Wahrheit.
2. Die beratende Person hat eine bewusst nicht-wissende, nicht-belehrende und nicht-beurteilende Haltung.
3. Die beratende Person verabreicht nicht ihre eigene Wahrheit, sondern ist auf den Vorgang der individuellen Wahrheitsfindung ihres Gegenübers fokussiert.

Um die sokratische Gesprächsführung in ihrer heutigen Form weiterführend zu beschreiben, wird auf eine Definition von Hautzinger (2009) zurückgegriffen. Dieser beschreibt den sokratischen Dialog als

[...] eine Interaktionsform, die aus gelenkten, offenen Fragen besteht, um den Patienten selbst dazu zu bringen, Widersprüche und den Überzeugungen zuwiderlaufende Erfahrungen zu berichten, zu erkennen und zuzulassen. Ebenso werden dadurch Patienten dazu gebracht, selbstständig alternative Sichtweisen und Lösungswege zu überlegen und für eine nachfolgende Prüfung, Erprobung und Einübung bereit zu haben. (Hautzinger, 2009, S. 129)

Wichtig dabei ist vor allem die empathische und wertschätzende Haltung der beratenden Person, die auf direktive Art dem Gegenüber hilft, irrationale Ansichten und Überzeugungen zu disputieren (Mühlig & Poldrack, 2020, S. 663).

Unterschieden werden können drei Arten der sokratischen Gesprächsführung, die für unterschiedliche Ziele eingesetzt werden können. Zum einen die *Explikativen sokratischen Dialoge*, bei denen Begriffsdefinitionen und -erklärungen im Vordergrund stehen und der Dialog mit konkreten Alltagsbeispiel beginnt und mit einer funktionalen Definition endet. Zum andere die *normativen sokratischen Dialoge*, welche prüfen, ob Handlungen oder Einstellungen der zu beratenden Person seiner moralischen Grundverständnis entsprechen und somit Konflikte auflösen, indem die am wenigsten moralschädigende Variante identifiziert wird. Zuletzt können auch *funktionale sokratische Dialoge* angewandt werden, die hinterfragen, ob Handlungen oder Einstellungen der zu beratenden Person hinsichtlich seiner/ihrer Ziele sinnvoll sind und dazu dienen die am wenigste zielschädigende Variante herauszufinden. Bezüglich der kognitiven Verhaltenstherapie sollen vorwiegend automatische Gedanken und Schemata disputiert werden. Um dies adäquat umzusetzen, können in dieser Form der Gesprächsführung verschiedene Techniken angewandt werden. Eine besondere Rolle spielt der gezielte Einsatz von Fragetechniken, worunter Explorationsfragen, schlussfolgernde Fragen, analytische Fragen, synthetische Fragen, Bewertungsfragen, induktive und deduktive Fragen gehören (Stavemann, 2015, S. 251-252). Des Weiteren kann auf verschiedene Disputationsarten zurückgegriffen werden, die sich wiederum auf die unterschiedlichen Ebenen von dysfunktionalen Denkweisen beziehen. So wird beim *empirischen Prüfen* der Wahrheits- bzw. Realitätsgehalt der Annahmen der zu beratenden Person disputiert, beispielsweise indem die Person gebeten wird diese zu belegen. Bei der *logischen Prüfung* werden Schlussfolgerungen hinsichtlich ihrer Logik hinterfragt sowie Widersprüche innerhalb Denkmuster kenntlich gemacht. *Hedonistisches* und *funktionales Disputieren* zielen darauf ab Einstellungen und Handlungen auf ihren Nutzen bezüglich (kurz- oder langfristiger) Ziele zu prüfen und darin möglich liegende selbstschädigenden Tendenzen zu disputieren. *Normatives Disputieren* prüft zuletzt, ob Grundannahmen möglichen unangemessenen normativen

Überzeugungen unterliegen und diese mit den anderen moralischen Grundsätzen der Person übereinstimmen (Mühlig & Poldrack, 2020, S. 661; Stavemann, 2015, S. 252). Die zentralste Technik stellt die *regressive Abstraktion* dar, eine Lösungssuche bei der rückschreitend, also vom Besonderen zum Allgemeinen vorgegangen wird. Hierbei können die verschiedenen Disputationsarten angewandt werden. Sind die dysfunktionale Einstellungen und Annahmen durch das gezielte Hinterfragen nicht mehr logisch haltbar, resultiert eine kognitive Dissonanz, welches Sokrates als innere Verwirrung bezeichnete (s.o.). An diesem Ausgangsunkt sind Individuen dann besonders empfänglich für kognitive Umstrukturierungen (Mühlig & Poldrack, 2020, S. 663). Zusammenfassend soll durch den sokratischen Dialog verdeutlicht werden, dass die dysfunktionalen Gedanken der betroffenen Person in einem Lebensbereich zwar eine mögliche Sichtweise darstellen, aber noch andere Interpretationsweisen bestehen, die sogar realitätsgerechter sein können. Ausgehend von der konkreten Situation soll zu der Erkenntnis gelangt werden, dass auch in anderen Bereichen immer Differenzierungen der Betrachtungsweise möglich sind, wodurch automatische Gedanken schneller hinterfragt werden können. Ob diese Relativierungen auch gefühlmäßig bedeutend für die zu beratende Person sind, hängt davon ab, inwiefern sich ihre Gültigkeit in der Realität bewährt. Jong-Meyer (2018) beschreibt dazu: „Dies kann nur geschehen, wenn die Patienten wirklich in bisher vermiedene Situationen hineingehen und/oder veränderte Herangehensweisen an Probleme ausprobieren und dabei merken, dass die neu erarbeiteten Differenzierungen zutreffen" (S. 503).

Abschließend zu diesem Kapitel, soll kurz der konkrete Ablauf des sokratischen Dialogs, welcher immer strukturiert und prozesshaft abläuft, vorgestellt werden. Dabei wird sich auf die beschriebene Abfolge des sokratischen Dialogs nach Mühlig & Poldrack (2020) bezogen (S. 663):

- **Themenauswahl:** Es wird auf ein konkretes Thema näher eingegangen.
- **Erster Definitionsversuch:** Die zu beratende Person wird durch eine Was-ist-das-Frage zu einem ersten Definitionsversuch animiert.
- **Konkretisierung und Alltagsbezug:** Es wird ein Alltagsbezug durch die Aufforderung nach konkreten Beispielen von der zu beratenden Person hergestellt.
- **Wiederlegung der Definition:** Es wird durch Disputation der Zustand innerer Verwirrung erzeugt.
- **Hinführung:** Es wird gemeinsam nach zielführender Definition gesucht.
- **Ergebnis:** Die zu beratende Person formuliert ihre eigenständig gefundene persönliche Wahrheit als Ergebnis des Dialogs; diese kann erneuert geprüft werden.

1.1 Beeinflussung von Stressoren & Resilienz durch den sokratischen Dialog

Um sich der Frage zu widmen, inwiefern die sokratische Gesprächsführung „Resilienz" und „Stressoren" beeinflussen kann, müssen zunächst beide Begriffe kurz definiert werden.

Stressoren

Unter Stressoren versteht man Faktoren bzw. genauer formuliert externe und interne Stimuli, welche mit einer erhöhten Wahrscheinlichkeit Stressempfindungen und somit eine Stressreaktion in Form psychischer Verhaltensweisen oder Zuständen auslösen. Stressoren können sehr unterschiedlicher Art sein und nach ihrer Quelle der Beanspruchung gruppiert werden. Unterscheidbar sind Faktoren aus dem materiell-technischen System (z.B. Zeitdruck oder Lärm), Faktoren aus dem sozialen System (z.B. Konflikte mit Bezugspersonen) und Faktoren aus dem personalen System (z.B. persönliche Dispositionen) (Schaper, 2019, S. 575). Inwiefern Stressoren von Individuum als belastend empfunden werden, ist abhängig von der Bedeutung, welche ihnen beigewohnt wird. Sobald Stressoren als belastende psychische und physische Spannungszustände wahrgenommen werden, führt dies zu einer Aktivierung aller vorhanden Ressourcen und Kompetenzen, um die Situation zu bewältigen. Das Vorhandensein adäquater Bewältigungsstrategien und Ressourcen erhöht die Wahrscheinlichkeit diese Spannungen wieder auszubalancieren (Vogt, 2019, S. 30).

Resilienz

Der Begriff Resilienz bezieht sich auf Prozesse oder Phänomene der positiven Anpassung eines Individuums trotz Vorhandenseins von Risikofaktoren (Reimann & Hammelstein, 2006, S. 18). Margraf & Schneider (2009) setzen Resilienz mit dem Begriff Widerstandskraft („hardiness") gleich und definieren diesen damit wie folgt: „Ausmaß der Widerstandskraft einer Person, die es ihr ermöglicht, negativen Einflüssen standzuhalten, ohne z. B. eine psychische Störung zu entwickeln" (S. 718). Somit stellt sie das Gegenstück zu Vulnerabilität dar. Resilienzfaktoren treten grundsätzlich auf drei Ebenen auf: der individuellen, der sozialen und der gesellschaftlichen Ebene. Faktoren auf individueller Ebene sind beispielsweise Persönlichkeitsmerkmale, Kompetenzen oder physiologische Faktoren. Faktoren auf der sozialen Ebene umfassen soziale Bezüge wie vorwiegend Familie und Peers. Die Faktoren auf der gesellschaftlichen Ebene beziehen sich auf Einflüsse, welche durch gesellschaftliche Normen bedingt sind sowie die Verfügbarkeit von gesellschaftlichen Ressourcen (Reimann & Hammelstein, 2006, S. 18).

Betrachtet man das in Kapitel 1 erläuterte Ziel des sokratischen Dialogs, dass dem Individuum erkenntlich wird, dass es immer differenzierte Sichtweisen auf jegliche Situationen und Lebensbereiche gibt, wird hier der Einfluss sowohl aus „Stressoren" als auch auf die „Resilienz" deutlich (Jong-Meyer, 2018, S. 503). So kann durch die Fähigkeit die Bedeutung denen Stressoren beigemessen wird zu relativieren, verhindert werden, dass diese als starke Belastung empfunden werden. Bezüglich der Resilienz kann der sokratische Dialog vor allem die Faktoren auf individueller Ebene beeinflussen. Fröhlich-Gildhoff & Rönnau-Böse (2020) betonen auf dieser Ebene sechs Kompetenzen, welche in Wechselwirkung zueinanderstehend dabei helfen, kritische Alltagssituationen bis hin zu Krisensituationen zu bewältigen. Dazu zählen *Selbst- und Fremdwahrnehmung*, also die adäquate Selbsteinschätzung und Informationsverarbeitung, *die Selbststeuerung*, welche sich auf die Regulation von Gefühlen bezieht, *die Selbstwirksamkeit*, welche der Überzeugung entspricht, Anforderungen zu bewältigen, *die aktive Bewältigungskompetenz*, bezogen auf die Fähigkeit vorhandene Kompetenzen zu realisieren, *das Problem lösen*, also allgemeine Bewältigungsstrategien und *die sozialen Kompetenzen* (S. 19-20). Diese kognitiven Kompetenzen entsprechen überwiegend den Fähigkeiten, die mittels des sokratischen Dialogs durch die kognitive Umstrukturierung gestärkt werden, besonders die Fähigkeit dysfunktionale Annahmen und Überzeugungen zu identifizieren und alternative adäquate Lösungswege zu entwickeln (Mühlig & Poldrack, 2020, S. 663). Somit wird beispielsweise die Entwicklung Kompetenz der Selbst- und Fremdwahrnehmung, der aktiven Bewältigungskompetenz und des Problemlösens unterstützt. Da die gewonnenen Kenntnisse durch den sokratischen Dialog als eigene Leistung attribuiert werden, wirkt dies positiv auf den Selbstwert und die Selbsteffizienzerwartung (Stavemann, 2020, S. 258). Zusammenfassend ist hieraus also zu schließen, dass Stressoren und ihre Auswirkungen durch die sokratische Gesprächsführung abgeschwächt werden können, während die Resilienz, besonders auf personaler Ebene gestärkt wird.

1.2 Geeignete Beratungssituation zur Anwendung des sokratischen Dialogs

Die Methode der sokratischen Gesprächsführung wird heute im Beratungs- und Psychotherapiekontext in den verschiedensten Bereichen und Settings angewandt. Sie kann sowohl in der Einzeltherapie beispielsweise zur Prüfung dysfunktionale Schemata als auch bei Gruppen-, Familien- oder Paartherapien Verwendung finden, um eine gemeinsame Kommunikationsgrundlage zu schaffen und zu helfen, widerspruchsfreie Ziele zu formulieren (Stavemann, 2020, S. 251). In der Psychotherapie hat die Methode besondere Bedeutung im kognitiv-behavioralen Ansatz und wurde durch den Psychologen Albert Ellis populär (Margraf & Schneider, 2018, S. 638). Dieser entwickelte im Rahmen der kognitiven Psychotherapie die Rational-Emotive Verhaltenstherapie, bei welcher die sokratische Gesprächsführung als Methode zur Identifizierung und Umstrukturierung irrationaler Überzeugungen verwendet wird. Dabei verwendete er ein ABC-System, anhand dessen die Erkenntnisse aus der Gesprächsführung strukturiert verschriftlicht werden können. Auch hier steht die Erzeugung „innerer Verwirrung" im Fokus, in Form der Erschütterung des bestehenden Überzeugungssystems, damit eine Neubewertung erfolgen kann (Helle, 2019, S. 142). Nicht nur speziell in der Psychotherapie, sondern auch in verwandten, aber abzugrenzenden Disziplinen wie Beratung oder Coaching ist die Strategie des sokratischen Dialogs häufiger Bestandteil des Beratungsprozesses, um automatische Gedanken und Annahmen zu prüfen sowie Modifikation anzustoßen (Willberg, 2019, S. 132).

2. Die Ottawa-Charter der WHO

Am 21. November 1986 fand die erste Internationale Konferenz zur Gesundheitsförderung in Ottawa statt, bei welcher eine Charta verabschiedet wurde, die das Ziel der „Gesundheit für alle" verfolgte (WHO Europe, 1986, S. 1). Sie gilt heute als das Begründungsdokument für Gesundheitsförderung, welche in diesem Kontext als Prozess verstanden wird (Babitsch, 2019, S. 6). Mit dem Anspruch „[…] allen Menschen ein höheres Maß an Selbstbestimmung über ihre Gesundheit zu ermöglichen und sie damit zur Stärkung ihrer Gesundheit zu befähigen", wurde Gesundheit als ein wesentlicher Bestandteil des alltäglichen Lebens betrachtet (WHO Europe, 1986, S. 1). Die Verantwortung für Gesundheitsförderung sollte daher vom Gesundheitssektor auch auf die Politik verlagert werden, wobei als grundlegende Bedingungen für Gesundheit unter anderem Frieden, Bildung, Ernährung, Einkommen, soziale Gerechtigkeit und Chancengleichheit festgehalten wurden. Darauf aufbauend wurden drei Handlungsstrategien unterteilt (WHO Europe, 1986, S. 2-3):

Der Aspekt **Interessen vertreten** zielt darauf ab politische, ökonomische, soziale, kulturelle, biologische und Umwelt- wie Verhaltensfaktoren, durch aktives anwaltschaftliches Eintreten, also Rechtswege, positiv zu beeinflussen, um Gesundheit zu stärken.

Das **Befähigen und Ermöglichen** der Chancengleichheit hinsichtlich Gesundheit und Gesundheitsförderung, soll gleiche Voraussetzungen für alle Menschen schaffen, damit jeder Einzelne sein größtmögliches Gesundheitspotenzial nutzen kann. Dazu zählt soziale Unterstützung, Zugang zu Informationen, das Entfalten praktischer Fertigkeiten als auch Entscheidungsfreiheit in bezüglich der eigenen Gesundheit zu gewährleisten.

Das **Vermitteln und Vernetzen** aller verantwortlicher Parteien für Gesundheitsförderung, worunter die Regierung, der Gesundheits-, Sozial- und Wirtschaftssektor und nicht-staatliche Sektoren wie Verbände, Industrie und Medien fallen. Menschen aus allen Lebensbereichen, vom Einzelnen, Familien bis hin zu Gemeinschaften und anderen Interessensgruppen sollen daran beteiligt werden, damit koordiniertes Zusammenwirken ermöglicht wird. Die Strategien sind dabei den örtlichen Ressourcen und Bedürfnissen anzupassen sowie gesellschaftliche, wirtschaftliche und kulturelle Gegebenheiten zu berücksichtigen.

2.1 Empowerment

Die Ottawa-Charter der Weltgesundheitsorganisation stellt das Konzept des "Empowerments" für Gesundheitsförderung ins Zentrum der Überlegung. Auch wenn nicht explizit der Begriff „Empowerment" verwendet wird, ist doch die Nähe zum Empowerment-Ansatz durch die zweite Handlungsebene „Befähigen" erkennbar (Brandes & Stark, 2016, S. 63). Im Folgenden soll zunächst der Terminus „Empowerment" genauer beleuchtet werden und darauf aufbauend der sich daraus ergebende Ansatz für die Gesundheitsförderung erläutert werden, welcher im Bereich der Gesundheitsberatung immer mehr an Bedeutung gewinnt (Domsch & Lohaus, 2009, S. 161).

Der aus dem englischen stammenden Begriff „Empowerment" kann im deutschen mit „Bemächtigung" oder „Befähigung" gleichgesetzt werden (Brandes & Stark, 2016, S. 62; Philipsborn & Geffert, 2021, S. 237). Im Fokus des Ansatzes steht also die Stärkung von Autonomie und Selbstbestimmung, durch welche das Individuum eine aktive Rolle in seinem Leben, in diesem Kontext bezüglich seiner eigenen Gesundheit, einnehmen kann (Domsch & Lohaus, 2009, S. 161; Ebert & Baumeister, 2020, S. 747). „Ziel des Empowerments ist es, Einzelne, Bevölkerungsgruppen und Bevölkerungen zu befähigen, sich selbst für ihre Belange einsetzen und ihr Leben selbst gestalten zu können" (Babitsch, 2019, S. 7). Damit zielt der Ansatz auf die Handlungsebene der Kompetenz des Einzelnen ab, muss aber durch alle Handlungsebenen gefördert werden (z.B. durch Politik, das Gesundheitssystem, die Gemeinschaft usw.) (Herriger, 2002, S. 4-6). Dies soll ermöglicht werden, indem für alle Menschen (mit oder ohne eingeschränkte Möglichkeiten; Kinder und Erwachsenen) Bedingungen geschafft werden, die für ein eigenverantwortliches und selbstbestimmtes Leben notwendig sind. „Empowerment" stellt einen Prozess dar, indem ermutigt wird personale und soziale Ressourcen zu nutzen sowie die eigene Fähigkeit zur Beteiligung zu erkennen, damit Kontrolle über die eigene soziale Lebenswelt ausgeübt werden kann. Durch die

Betonung der Interessen und Rechte von Hilfe- und Ratsuchenden wird das Gefühl von Ohnmacht aufgelöst und stattdessen das Selbstbewusstsein gestärkt. Unter Berücksichtigung der Rahmenbedingungen der jeweiligen Zielgruppen, können verschiedene Strategien für den Empowermentprozess angewandt werden (Brandes & Stark, 2016, S. 62-63). Dabei gibt es zahlreiche Ansätze, um das Konzept des Empowerments in die Praxis umzusetzen (Domsch & Lohaus, 2009, S. 161). Wesentliche Strategien stellen die Förderung von Partizipation und Gemeinschaftsbildung dar (Brandes & Stark, 2016, S. 62). Babitsch (2019) beschreibt: „In der Gesundheitsförderung ist das Empowerment eine der Schlüsselstrategien" (S. 7). Im psychosozialen und Gesundheitsbereich stehen vor allem präventive Ansätze im Fokus, um die eigene Gesundheit zu stärken (Brandes & Stark, 2016, S. 63). Weitere Ansätze zielen darauf ab, die Selbstkompetenz zu fördern, um z.B. im Umgang mit (chronischen) Krankheiten, Selbstmanagement und partizipative Entscheidungsfindung zu ermöglichen oder den Genesungsprozess durch Mitgestaltung zu beeinflussen und Ressourcen zur Problembewältigung zu aktivieren (Ebert & Baumeister, 2020, S. 747; Genischen & Linde, 2018, S.711). Im Gesundheitswesen wir dies durch den Begriff „patient empowerment" spezifiziert. „Damit sollen für schon im Gesundheitswesen versorgte Personen verbesserte Information, höhere Transparenz und stärkere Mitwirkungschancen erreicht werden" (Brandes & Stark, 2016, S. 65) Zugleich wird so auch das Kohärenzgefühl gestärkt, also „ein umfassendes, dauerhaftes und tief verwurzeltes Gefühl der Verstehbarkeit, der Handhabbarkeit und der Sinnhaftigkeit der Welt und des Lebens" (Philipsborn & Geffert, 2021, S. 237). Zusammenfassend werden also durch den Empowerment-Ansatz die Fähigkeiten und Ressourcen des Individuums gestärkt, die notwendig sind, um Krankheiten vorzubeugen, bei Krankheit Information einholen, verstehen und anwenden zu können, Wissen über mögliche Anlaufstellen und Unterstützung zu haben, partizipative Entscheidungen treffen zu können, und den Genesungsprozess zuletzt positiv zu beeinflussen.

Abschließend soll auf die professionelle Grundhaltung eingegangen werden, welche für das Gelingen von Empowermentprozessen erforderlich ist. Diese umfasst nach Brandes & Stark (2016) folgende Aspekte (S. 64):

- Ressourcen- und Kompetenzorientierung
- Prozessorientierung
- Zielorientierung
- Optimismus
- Bereitschaft zu gleichberechtigten Arbeitsbeziehungen
- Bereitschaft, Vertrauen entgegenzubringen
- Bereitschaft, Verantwortung und Kontrolle abzugeben

2.1.1 Fünf Kriterien für Empowerment

In diesem Kapitel sollen nun 5 Kriterien beschrieben werden, die den Empowerment-Ansatz beschreiben und anhand von Beispielen erläutert werden. Die Kriterien werden als Voraussetzung gesehen, damit ein Individuum als „empowert" gilt. Hierbei wird sich vor allem auf die von Brandes und Stark (2016) genannten Aspekte bezogen, die zur Förderung des Empowermentsprozesses notwendig sind (S. 64):

1) Zugang zu Informationen haben

Zugang zu Gesundheitsrelevanten Informationen zu haben, wird in der Ottawa-Charter auf der Handlungsebene „Befähigen und Ermöglichen" als notwendige Bedingung festgehalten, damit das Individuum sein größtmögliches Gesundheitspotential nutzen kann (WHO Europe, 1986, S. 2-3). Auch dient es als Basis für die eigene Meinungsbildung und Stärkung der Gesundheitskompetenz und somit Kontrolle über sein eigenes Gesundheitsverhalten ausüben zu können. Voraussetzend sind hier ein leichter Zugang sowie die Verständlichkeit der Informationen, damit diese angemessen genutzt werden können. In einem praktischen Beispiel kann auf die Website der Bundeszentrale für gesundheitliche Aufklärung (BZgA) verwiesen werden. Auf dieser für jeden frei zugänglichen Plattform werden verschiedenste und leicht verständliche Infomaterialen angeboten, die sich unterschiedlichsten gesundheitlichen Themen widmen. Als „Top Kategorien" werden hier z.B. persönlicher Impfschutz, Sexualaufklärung und Suchtvorbeugung gelistet (BZgA, o.J.).

2) Einen kompetenten Umgang mit der eigenen Gesundheit haben

Ein kompetenter Umgang mit der eigenen Gesundheit stellt einen wichtigen Teil des Empowerment-Ansatzes dar. Um die Gesundheitskompetenz und Wissen über Gesundheit zu stärken ist Bildung in grundlegenden Gesundheitsfragen voraussetzend. Hierbei kann die Zieldimension Handlungskompetenz aufzubauen mit den Zielen der Gesundheitspädagogik, gesundheitsrelevante Verhältnisse mit Fokus auf Verhalten zu fördern verknüpft werden. In Form von Gesundheitsbildung kann mit der Stärkung von Gesundheitskompetenz bereits im Kindes- und Jugendalter angesetzt werden (Wulfhorst, 2019, S. 415-417). Ein praktisches Beispiel könnte dafür die vom Bundeszentrum für Ernährung (BZfE) unterstützen Projekte zu gesunder Ernährung sein, die in Grund- und weiterführenden Schulen durchgeführt werden. Durch die frühe Kompetenzbildung zum Thema Ernährung, sollen die Kinder im Umgang mit ihrer eigenen Gesundheit gestärkt werden und damit Krankheiten wie Diabetes und Adipositas präventiv vorgebeugt werden (IN FORM, o.J.).

3) Soziale Unterstützung in einem sozialen Netzwerk erfahren

Der Empowermentprozess hat gerade für marginalisierte Gruppen eine besondere Bedeutung. Brandes und Stark (2016) sprechen hier von einer „[...] Umverteilung von Macht im Kleinen" (S. 62). Gemeint ist damit das im angemessenen Rahmen für die jeweiligen Zielgruppen personale und soziale Ressourcen gestärkt werden sollen, indem diese soziale Unterstützung erfahren. Dadurch kann das Selbstbewusstsein gestärkt werden, während Gefühle wie Ohnmacht gemindert werden (Brandes & Stark, 2016, S. 62). Ein praktisches Beispiel dafür stellt das „SPRINT"-Projekt dar, welches auf die Gesundheitsförderung für sozial benachteiligte Jugendliche im offenen Jugendvollzug abzielt. Durch spezielle Gesundheitstrainings beispielsweise im Bereich Ernährung, Stressregulation oder psychosoziale Gesundheit sollen die Jugendlichen gezielt Gesundheitsressourcen aus ihrem Alltag identifizieren sowie ihre sozialen Kompetenzen und ihr Selbstwertgefühl gestärkt werden. Besonders dabei ist die Entscheidungsfreiheit, welche den Jugendlichen in Bezug darauf gelassen wird, wie weit sie in das Gesundheitsprogramm eingebunden werden wollen (Loss, Warrelmann & Lindacher, 2016, S. 444).

4) Selbstwirksamkeit und das Gefühl haben etwas bewegen zu können

Der Begriff Selbstwirksamkeit bekam durch Albert Banduras sozial-kognitive Lerntheorie große Bedeutung (Barysch, 2016, S. 202). Selbstwirksamkeit lasst sich in diesem Kontext nach Becker (2019) als „Glaube einer Person, dass sie fähig ist, eine bestimmte Aufgabe in einem bestimmen Kontext zu erledigen" definieren (Becker, 2019, S.177). Für den Empowermentprozess hat das hohe Relevanz, wenn man von der Annahme ausgeht, dass eine Person mit hoher Selbstwirksamkeitserwartung, auch wahrscheinlicher mit positiven Ergebnissen ihrer Handlungen rechnet und somit bestimmte Verhaltensweisen eher umsetzt als Personen mit geringer Selbstwirksamkeitserwartung. Ein konkretes Beispiel wäre der Kontext Bewegung, mit der Ergebniserwartung der körperlichen Fitness und Gewichtsverlusts (Kalch, 2019, S. 22). Personen mit hoher Selbstwirksamkeitserwartung setzten sich also höhere Ziele und scheinen mehr Anstrengungen in ihr Gesundheitsverhalten zu investieren als Personen mit geringer Selbstwirksamkeitserwartung, die eher dazu neigen aufzugeben oder Verhaltensweisen gar nicht erst umzusetzen (Faller & Lang, 2010, S. 315). Auch der Zusammenhang zwischen Selbstwirksamkeit und psychologischer Resilienz wirkt sich gesundheitsfördernd aus, da hohe Selbstwirksamkeit zu einem bewältigenden Verhalten in Stresssituationen begünstigt und zum anderen physiologische Reaktionen auf Stressoren hemmt. So kann z.B. das Risiko an einer Depression zu erkranken gemindert werden (Barysch, 2016, S.206).

5) Unterstützung von Selbstorganisation und Selbsthilfe

Zuletzt stellt auch die Unterstützung von Selbstorganisation und Selbsthilfe ein Kriterium dar, dass den Ansatz des Empowerments beschreibt. Gerade in Anbetracht chronischer Krankheiten wie Diabetes, Asthma, Hypertonie oder Epilepsie ist dieser Aspekt von besonderer Relevanz, damit Individuen befähigt werden eigenständig ihren Alltag zu bewältigen. Hier kann beispielsweise die Patientenschulung den Patienten helfen, nach der oftmals zunächst erschreckenden Diagnose, wieder einen Weg in den nun neu zu strukturierenden Alltag zu finden. Damit die Patienten als empowert gelten, sind z.B. Maßnahmen wie Krankheits- und Therapieverständnis, Grundlagen für partizipative Entscheidungen, Förderung der sozialen Integration (z.B. Selbsthilfegruppen), Verbesserung der Adhärenz sowie Selbst- und Medikamentenmanagement notwendig (Lange, 2019, S. 318).

3. Der lösungsorientierte Beratungsansatz

In der letzten Aufgabe der Einsendeaufgabe sollen die drei Phasen der Beratung geschildert werden, indem der lösungsorientierte Beratungsansatz darauf angewandt wird. Im Folgenden soll zunächst der lösungsorientierte Beratungsansatz erläutert werden. In der psychosozialen Beratung wie auch Psychotherapie können allgemein vier Ansätze unterschieden werden: die Psychoanalyse, die klientenzentrierte Beratung, die kognitiv-behaviorale und die systemische Beratung (Mattejat & Pauschardt, 2009, S. 171). Der lösungsorientierte Beratungsansatz lässt sich dem systemischen Ansatz zuordnen, da er auf den Annahmen des systemischen Konzepts basiert (Friehs & Gabriele, 2021, S. 1). Als einer der Begründer des lösungsorientierten Beratungsansatzes gilt der Amerikaner Steve de Shazer, welcher sich von der bis dahin üblichen Herangehensweise, sich zunächst intensiv mit den Problemen der ratsuchenden Person zu beschäftigen, abwandte. Stattdessen konzentrierte er sich in der Beratung auf die Suche nach Lösungswegen sowie auf die Förderung der positiven Weiterentwicklung seiner Klient*innen (Ertelt & Schulz, 2015, S. 178; Mattejat & Pauschardt, 2009, S. 188). Mit Fokus auf das System „Lösung" setzte er einen Grundstein für die lösungsorientierte Beratung, welche damit vielmehr Potentiale und Ressourcen der ratsuchenden Person in Betracht nimmt, als dass sich mit ihren Schwächen und Einschränkungen auseinandergesetzt wird (Ertelt & Schulz, 2015, S. 174; Wolters, 2015, S. 2). Mattejat & Pauschardt (2009) resümieren dazu: „Das Ziel ist somit die Konstruktion von Lösungen, nicht die Problemanalyse" (S. 188). Das umfasst die Annahme, dass die ratsuchende Person die notwenigen Kompetenzen, um vom Problem zur Lösung zu kommen bereits besitzt. Aufgabe der beratenden Person ist diese Fähigkeiten aufzudecken und zu aktivieren, was durch geeignete Fragen und Hausaufgaben umgesetzt werden soll (Friehs & Gabriele, 2015, S. 11-12). Ihre Grundhaltung sollte dabei akzeptierend, achtend, empathisch und kongruent der ratsuchenden Person gegenüber sein (Wolters, 2015, S. 17-18). Im Dialog auf Augenhöhe werden auf Basis der vorhandenen Ressourcen gemeinsam Problemlösestrategien entwickelt. Wichtig hierbei anzumerken ist, wie Lösung und Problem definiert werden und in welcher Beziehung sie zueinanderstehen. Lösung ist nämlich nicht als das Gegenteil des Problems anzusehen, da Lösung und Problem nicht einmal etwas miteinander zu tun haben müssen. Es wird nicht vom Problem als Ursprung für die Lösungsfindung ausgegangen, sondern vielmehr stellt die Lösung ein Form Zukunftswunsch dar, welchen es zu realisieren gilt. Ein bedeutender Aspekt des lösungsorientierten Ansatzes ist also, dass der Blick immer auf die Gegenwart und Zukunft gerichtet wird (Friehs & Gabriele, 2015, S. 11-13). Hinzukommt, dass Probleme immer als etwas Normales, zum Leben dazugehörendes definiert werden. Betont wird, dass sie nicht die ganze Zeit existent sind und die ratsuchende Person auch Zeiten erlebt, in denen sie weniger oder auch gar nicht durch sie beeinträchtigt wird (Friehs & Gabriele, 2015, S. 17). Des Weiteren spielt auch die Wahrnehmung eine wichtige Rolle. Von der konstruktivistischen Annahme ausgehend, dass Wahrgenommenes durch persönliche Erfahrungen beeinflusst wird und folglich immer subjektiv ist, können jegliche Situationen aus verschiedenen Standpunkten verschieden betrachtet werden. So ist die Erweiterung des eigenen Spektrums relevant (Friehs & Gabriele, 2015, S. 11-13). Die ratsuchende Person wird befähigt „[…] sein Problem in neuer Weise von den Möglichkeiten her wahrzunehmen" (Ertelt & Schulz, 2015, S. 190). Es geht um Veränderung, wobei Lösungen oft Änderungen des Denkens und Verhaltens beinhalten, wodurch die ratsuchende Person Fähig wird Einfluss auf Probleme zu nehmen (Friehs & Gabriele, 2015, S. 13-14). Um kooperativ diese Konstruktion von Lösungen zu gewährleisten, kann die beratende Person vor allem auf drei Interventionsarten zurückgreifen: Fragen, Komplimente und Vereinbarungen. Unter „Fragen" fallen verschiedene Fragetechniken, wobei die sogenannte „Wunderfrage" als die bekannteste in der lösungsorientierten Beratung gilt. Sie ist eine hypothetische Frage, die ein imaginäres Bild zeichnet, in welchem die Probleme der ratsuchenden Person durch ein Wunder über Nacht gelöst wurden und danach fragt was die Person nun anders wahrnimmt als vorher. Hypothetische Fragen haben die Funktion Ressourcen identifizierbar zu machen und Hoffnung zu generieren. „Komplimente" dienen dazu Ressourcen bewusst zu machen und zu verstärken sowie die Beziehungsgestaltung zu stärken. „Vereinbarungen" werden zumeist in Form von Hausaufgaben getroffen, durch welche geübt wird, die erarbeiteten Lösungen im Alltag einzusetzen (Mattejat &

Pauschardt, 2009, S. 188). Abschließend soll auf den Ablaufprozess der lösungsorientierten Beratung eingegangen werden. Hierzu wird sich am fünfstufigen Phasenmodell von Bamberg (2005) orientiert (Bamberg 2005, zitiert nach Mattejat & Pauschardt, 2009, S. 188):

1. **Synchronisation**, also Wertschätzung und Verständnis für die ratsuchende Person vermitteln, die Zusammenarbeit klären und erläutern, dass keine direkte Problemanalyse Ziel der Beratung ist.

2. **Lösungsvision**, wobei mit den spezifischen Interventionen begonnen wird, ein Perspektivwechsel stattfinden soll und lösungsorientierte Ressourcen bewusst gemacht werden.

3. **Lösungsverschreibung**, bei der Hausaufgaben in Form von Verhaltensaufgaben vereinbart werden, um das lösungsorientierte Verhalten zu vermehren.

4. **Lösungsevaluation**, also die Überprüfung und Bewertung und ggf. Verbesserung der erarbeiteten Lösungen.

5. **Lösungssicherung und Ende der Beratung**, bei welcher die ratsuchende Person seine Einstellung hinsichtlich Probleme so verändert hat, dass zukünftig Lösungen selbstständig entwickelt werden können, wodurch die beratende Person entbehrlich wird.

3.1 Phasenmodelle des Beratungsprozesses

Zur Beschreibung des Beratungsprozess kann auf verschiedene Phasenmodelle zurückgegriffen werden, die einen strukturierten Ablauf haben und einer inneren Logik folgen und diesen alle in relativ ähnlicher Weise gliedern. Trotz dieser strukturierten Beschreibung kann aber keine lineare Abfolge von Phasen versichert werden, vielmehr dienen die Modelle als Orientierungshilfe, um eine professionelle Durchführung von Beratung zu gewährleisten. Dabei kann die Beratung im gesamten beschrieben werden, aber auch einzelne Beratungssitzungen und Vorgehensweisen in spezifischen Abfolgen gegliedert in die Modelle integriert werden (Schubert, Rohr & Zwicker-Pelzer, 2019, S. 154-155). Anzumerken ist, dass die Phasenmodelle überwiegend am Beginn des Beratungsprozesses ansetzten. Als ersten notwendigen Schritt der Beratung ist aber überhaupt erst ihre Inanspruchnahme zu nennen, welche ebenfalls prozessartig verläuft und durch das Einwirken vieler Einflussvariablen bestimmt wird. Dieser Prozess resultiert in der ersten Kontaktaufnahme, wo die Phasenmodelle ansetzen (Warschburger, 2009, S. 43). In den folgenden Kapiteln soll sich spezifisch auf das Phasenmodell nach Culley (2002) bezogen und der lösungsorientierte Beratungsansatz darauf angewandt werden, da sie in ihre Ausführungen oftmals auf systemischen Beratungskonzepten basieren (Schubert et al., 2019, S. 156).

3.2 Das Phasenmodell nach Culley (2002)

Das Phasenmodell von Culley (2002) besteht aus einer Anfangsphase, einer Mittelphase und einer Endphase. Die Phasen sind aufeinander aufbauend, aber auch ineinander verwoben. Jede Phasenbeschreibung umfasst ihr Profil, Ziele, Strategien und grundlegende Fertigkeiten, die von Seiten der beratenden Person vorliegen müssen. Das Modell basiert auf einem pragmatisch-humanistischen Menschenbild, wobei Culley wie bereits erwähnt in ihren Beschreibungen und Falldarstellungen vorwiegend auf Verfahren und Fertigkeiten des systemischen Beratungsansatz zurückgreift (Schubert et al., 2019, S. 156) Warschburger (2009) beschreibt: „Um Beratungsprozesse zu beschreiben, eignet sich am besten ein Problemlöseansatz" (S. 44-45). Folgend werden die drei Phasen einzeln vorgestellt und der lösungsorientierte Beratungsansatz darauf angewandt.

3.2.1 Anfangsphase

In der Anfangsphase steht der Aufbau einer tragfähigen Beziehung zwischen der beratenden und der ratsuchenden Person im Vordergrund. Zusätzlich gilt es zunächst das vorliegende Ausgangsproblem zu erfassen. Als Ziele kristallisieren sich also der motivierende Beziehungsaufbau und die Klärung und Eingrenzung des Problems heraus, damit beide Parteien das gleiche Verständnis davon haben, welche Anliegen und Themen vorliegen. Hinzukommend wird das Treffen erster Entscheidungen genannt, wobei erste Arbeitshypothesen erstellt werden und Erwartungen geklärt sowie die ein Arbeitsvertrag formuliert wird, welcher betont, dass es sich bei der Beratung um ein gemeinsames Unternehmen handelt, in welchem die ratsuchende Person Verantwortung für dich selbst trägt (Schubert et al., 2019, S. 157). Wendet man hierauf den lösungsorientierten Beratungsansatz an, lassen sich zunächst Überschneidungen mit dem vorgestellten Phasenmodell nach Bamberg (2005) für den Ablauf der lösungsorientierten Beratung feststellen. So entspricht dessen erste Phase „Synchronisation" der hier dargelegten Anfangsphase. Der Beziehungsaufbau soll im lösungsorientierten Ansatz durch das Vermitteln von Wertschätzung und Verständnis umgesetzt werden und die Zusammenarbeit wird erläutert und geklärt, indem klar der klar die Grundsätze der lösungsorientierten Beratung vorgestellt werden. Es muss die

Eigenverantwortung der ratsuchenden Person, die Kooperation zwischen ratsuchender Person und beratender Person und die Fokussierung auf die Suche nach Lösungswegen mit Blick auf Gegenwart und Zukunft statt Problemanalyse betont werden (Bamberg 2005, zitiert nach Mattejat & Pauschardt, 2009, S. 188). Schubert et al. (2019) nennen als Strategien zur Umsetzung der Ziele der Anfangsphase das Explorieren, das Setzen von Prioritäten, was hier die Lösungssuche darstellen würde und das Vermitteln von Grundwerten, wie eben Wertschätzung und Akzeptanz (S. 157). Als wichtige grundlegende Fertigkeiten werden „Aktives Zuhören", reflektierende Fertigkeiten und Sondieren aufgezählt (Schubert et al., 2019, S. 157).

3.2.2 Mittelphase

Die Mittelphase stellt den Kern von Culleys Phasenmodell dar. Hauptziel ist die Ordnung und Neubewertung von Problemen, indem es aus neuen Perspektiven betrachtet wird (Schubert et al., 2019, S. 158). Dies entspricht Bambergs (2005) Phase der „Lösungsvision" in der lösungsorientierten Beratung. Wichtig ist hier also der Perspektivwechsel, welcher durch die verschiedenen Interventionsstrategien des lösungsorientierten Ansatzes (z.B. hypothetische Fragen") ermöglicht werden soll. Hier sollte auch betont werden, dass Probleme etwas Normales und Alltägliches sind, aber nicht die ganze Zeit eine Rolle spielen, also mal mehr und mal weniger Einfluss auf das Leben der ratsuchenden Person nehmen (Friehs & Gabriele, 2015, S. 1). Neben der Erweiterung der eigenen Wahrnehmung, sollten zudem die bereits vorliegenden lösungsorientierten Ressourcen und Potenziale der ratsuchenden Person bewusst gemacht werden (Friehs & Gabriele, 2015, S. 11-12; Mattejat & Pauschardt, 2009, S. 188). Da dieser Prozess als sehr belastend empfunden werden kann ist es wichtig die Aufrechterhaltung der Arbeitsbeziehung und das Hinarbeiten auf den Arbeitskontraktes nicht aus den Augen zu verlieren. Daher werden diese beiden Aspekte ebenfalls als Ziele der Mittelphase in das Modell integriert. Strategien der Mittelphase sind unter anderem das Mitteilen der Grundwerte, Herausfordern und Informieren, um neue Sichtweisen zu schaffen und Richtung geben. Diese entsprechen grundlegend den Vorgehensweisen der lösungsorientierten Beratung. Die notwendigen Fertigkeiten sind wie auch in der Anfangsphase „aktives Zuhören", reflektierende Fertigkeiten und sondieren (Schubert et al., 2019, S. 158).

3.2.3 Endphase

In der Endphase wird nun die Umsetzung der als wirksam anerkannten Handlungen in den Fokus gesetzt. Ziele sind den angemessenen Wandel, im Sinne der Veränderung von Denken und Verhalten, zu planen und vorzubereiten sowie die Veränderungen auszuführen, indem personale und soziale Ressourcen betont werden und geplantes in die Praxis umgesetzt wird. Dazu wichtig ist, dass die erlernten Einsichten langfristig in der eigenen Lebenswelt etabliert werden. Ist dieser Schritt erfolgreich bezieht sich das letzte Ziel der Endphase darauf, die Beratungsbeziehung zu beenden, wobei der Kontrakt erfüllt sein sollte und abschließend die Bedeutung des Endes der Beratungsbeziehung geklärt wird. Strategien der Endphase sind, das Entwickeln und Setzen von Zielen, die Handlungsvorbereitung und -planung, das Evaluieren und Aufrechterhalten der Veränderungen sowie das Beenden, bei welchem resümiert wird und Abschiedsgefühle verarbeitet werden müssen (Schubert et al., 2019, S. 161). Überträgt man die lösungsorientierte Beratung auf die Endphase, umfasst diese Bambergs Phasen der „Lösungsverschreibung", „Lösungsevaluation" und „Lösungssicherung und Ende der Beratung". „Komplimente" als Strategie des lösungsorientierten Ansatzes helfen hier nochmal die personalen Ressourcen der ratsuchenden Person sichtbar zu machen und zu unterstreichen. Durch Hausaufgaben soll das neue lösungsorientierte Verhalten eingeübt und in die eigene Lebenswelt übertragen werden. Auch hier werden die erarbeiteten Lösungen überprüft und ggf. überarbeitet und verbessert, damit sie wirksam und dauerhaft im Alltag etabliert werden können. Abschließend sollte die ratsuchende Person eine Einstellung entwickelt haben, durch welche es ihr möglich wird, zukünftige Lösungen selbstständig zu erarbeiten und umzusetzen, wodurch die beratende Person entbehrlich wird (Mattejat & Pauschardt, 2009, S. 188). Wichtige Fertigkeiten der Endphase sind vor allem kommunikative Fertigkeiten (Schubert et al., 2019, S. 161).

In zusammengefasster Form wird Modell noch einmal in Tabelle 1 dargestellt.

	ANFANGSPHASE	MITTELPHASE	ENDPHASE
ZIELE	Beziehungsaufbau, Problemeingrenzung, Arbeitsvertrag	Problem-Neubewertung, Arbeitsbeziehung aufrechterhalten	Wandel vorbereiten, ausführen & in Lebenswelt übertragen, Beraterbeziehung beenden
STRATEGIEN	Explorieren, Prioritäten setzen, Grundwerte vermitteln	Herausfordern, Konfrontation, Informationen, Richtunggeben	Ziele entwickeln & setzen, Handlungsplanung & -umsetzung, Evaluieren, Aufrechterhalten
FERTIGKEITEN	Aktives Zuhören, reflektierende Fertigkeiten, Sondieren	Aktives Zuhören, reflektierende Fertigkeiten, Sondieren	Kommunikative Fertigkeiten

Tabelle 1: Das Phasenmodell der Beratung nach Culley (2002) (Quelle: Eigene Darstellung in Anlehnung an Schubert et al., 2019, S. 156-161)

Literaturverzeichnis

Babitsch, B. (2019). Gesundheitswissenschaften – eine Einführung. In R. Haring (Hrsg.), *Gesundheitswissenschaften* (Springer Reference Pflege – Therapie – Gesundheit, S. 3–13). Berlin, Heidelberg: Springer Berlin Heidelberg. https://doi.org/10.1007/978-3-662-58314-2_2

Barysch, K. N. (2016). Selbstwirksamkeit. In D. Frey (Hrsg.), *Psychologie der Werte* (S. 201–211). Berlin, Heidelberg: Springer Berlin Heidelberg. https://doi.org/10.1007/978-3-662-48014-4_18

Becker, F. (Hrsg.). (2019). *Mitarbeiter wirksam motivieren*. Berlin, Heidelberg: Springer Berlin Heidelberg. https://doi.org/10.1007/978-3-662-57838-4

Becker, F. (2019). Motivation mit Emotion: Wie Gefühle Mitarbeiter motivieren. In F. Becker (Hrsg.), *Mitarbeiter wirksam motivieren* (S. 169–176). Berlin, Heidelberg: Springer Berlin Heidelberg. https://doi.org/10.1007/978-3-662-57838-4_18

Brandes, S. & Stark, W. (2016). *Empowerment/Befähigung*. https://doi.org/10.17623/BZGA:224-I010-1.0

Bundeszentrale für gesundheitliche Aufklärung. (2018). *Leitbegriffe der Gesundheitsförderung und Prävention, Glossar zu Konzepten, Strategien und Methoden, E-Book 2018*. https://doi.org/10.17623/BZGA:224-E-BOOK-2018

BZgA (o.J). *Top Kategorien*. Zugriff am 09.03.2022. Verfügbar unter https://shop.bzga.de

Domsch, H. & Lohaus, A. (2009). Gesundheitsberatung. In P. Warschburger (Hrsg.), *Beratungspsychologie* (S. 153–170). Berlin, Heidelberg: Springer Berlin Heidelberg. https://doi.org/10.1007/978-3-540-79044-0_7

Ebert, D. D. & Baumeister, H. (2020). E-Mental Health: Internet- und mobilbasierte Interventionen in der Psychotherapie. In J. Hoyer & S. Knappe (Hrsg.), *Klinische Psychologie & Psychotherapie* (S. 741–755). Berlin, Heidelberg: Springer Berlin Heidelberg. https://doi.org/10.1007/978-3-662-61814-1_35

Ertelt, B.-J. & Schulz, W. E. (2015). *Handbuch Beratungskompetenz*. Wiesbaden: Springer Fachmedien Wiesbaden. https://doi.org/10.1007/978-3-658-07760-0

Faller, H. & Lang, H. (Hrsg.). (2010). *Medizinische Psychologie und Soziologie* (Springer-Lehrbuch). Berlin, Heidelberg: Springer Berlin Heidelberg. https://doi.org/10.1007/978-3-642-12584-3

Faller, H. & Lang, H. (2010). Förderung und Erhaltung von Gesundheit: Prävention. In H. Faller & H. Lang (Hrsg.), *Medizinische Psychologie und Soziologie* (Springer-Lehrbuch, S. 311–337). Berlin, Heidelberg: Springer Berlin Heidelberg. https://doi.org/10.1007/978-3-642-12584-3_10

Frey, D. (Hrsg.). (2016). *Psychologie der Werte*. Berlin, Heidelberg: Springer Berlin Heidelberg. https://doi.org/10.1007/978-3-662-48014-4

Friehs, B. & Gabriele, M. (2021). *Methoden und Techniken in der systemisch-lösungsorientierten Beratung*. Wiesbaden: Springer Fachmedien Wiesbaden. https://doi.org/10.1007/978-3-658-34614-0

Fröhlich-Gildhoff, K. & Rönnau-Böse, M. (2020). *Resilienz und Resilienzförderung über die Lebensspanne* (2. Aufl.). Deutschland: Kohlhammer.

Gensichen, J. S. & Linde, A. (2018). Verhaltenstherapie in der Allgemeinmedizin. In J. Margraf & S. Schneider (Hrsg.), *Lehrbuch der Verhaltenstherapie, Band 1* (S. 709–722). Berlin, Heidelberg: Springer Berlin Heidelberg. https://doi.org/10.1007/978-3-662-54911-7_48

Haring, R. (Hrsg.). (2019). *Gesundheitswissenschaften* (Springer Reference Pflege – Therapie – Gesundheit). Berlin, Heidelberg: Springer Berlin Heidelberg. https://doi.org/10.1007/978-3-662-58314-2

Hautzinger, M. (2009). Depression. In Margraf, J. (Hrsg.). *Kosten und Nutzen der Psychotherapie* (S. 125-138). Berlin, Heidelberg: Springer Berlin Heidelberg. https://doi.org/10.1007/978-3-540-68316-2

Helle, M. (Hrsg.). (2019). *Psychotherapie* (Basiswissen Psychologie). Berlin, Heidelberg: Springer Berlin Heidelberg. https://doi.org/10.1007/978-3-662-58712-6

Helle, M. (2019). Verhaltenstherapie. In M. Helle (Hrsg.), *Psychotherapie* (Basiswissen Psychologie, S. 125–159). Berlin, Heidelberg: Springer Berlin Heidelberg. https://doi.org/10.1007/978-3-662-58712-6_5

Herriger, N. (Hrsg.). (2002). *Empowerment–Brückenschläge zur Gesundheitsförderung.* Gesundheit: Strukturen und Arbeitsfelder, Ergänzungsliefer 4. Neuwied: Luchterhand-Verlag.

Hoyer, J. & Knappe, S. (Hrsg.). (2020). *Klinische Psychologie & Psychotherapie.* Berlin, Heidelberg: Springer Berlin Heidelberg. https://doi.org/10.1007/978-3-662-61814-1

IN FORM – Deutschlands Initiative für gesunde Ernährung und mehr Bewegung (o.J.). *Ernährungsbildung in Schulen.* Zugriff am 09.03.2022. Verfügbar unter https://www.in-form.de/wissen/ernaehrungsbildung-in-schulen/?web2pdf=1&tx_web2pdf_pi1%5Bargument%5D=printPage&tx_web2pdf_pi1%5Baction%5D=&tx_web2pdf_pi1%5Bcontroller%5D=Pdf&cHash=95812e309768e867f22358e17b2f1790

Jong-Meyer, R. de (2018). Kognitive Verfahren nach Beck. In J. Margraf & S. Schneider (Hrsg.), *Lehrbuch der Verhaltenstherapie, Band 1* (S. 499–513). Berlin, Heidelberg: Springer Berlin Heidelberg. https://doi.org/10.1007/978-3-662-54911-7_35

Kalch, A. (2019). *Persönliche Erfahrungen in Gesundheitsbotschaften.* Wiesbaden: Springer Fachmedien Wiesbaden. https://doi.org/10.1007/978-3-658-26966-1

Lange, K. (2019). Bewältigung und Umgang mit chronischen Krankheiten. In R. Haring (Hrsg.), *Gesundheitswissenschaften* (Springer Reference Pflege – Therapie – Gesundheit, S. 311–321). Berlin, Heidelberg: Springer Berlin Heidelberg. https://doi.org/10.1007/978-3-662-58314-2_30

Linden, M. & Hautzinger, M. (Hrsg.). (2015). *Verhaltenstherapiemanual.* Berlin, Heidelberg: Springer Berlin Heidelberg. https://doi.org/10.1007/978-3-642-55210-6

Loss, J., Warrelmann, B. & Lindacher, V. (2016). Gesundheitsförderung: Idee, Konzepte und Vorgehensweisen. In M. Richter & K. Hurrelmann (Hrsg.), *Soziologie von Gesundheit und Krankheit* (S. 435–449). Wiesbaden: Springer Fachmedien Wiesbaden. https://doi.org/10.1007/978-3-658-11010-9_29

Margraf, J. (2009). *Kosten und Nutzen der Psychotherapie*. Berlin, Heidelberg: Springer Berlin Heidelberg. https://doi.org/10.1007/978-3-540-68316-2

Margraf, J. & Schneider, S. (2018). *Lehrbuch der Verhaltenstherapie, Band 2*. Berlin, Heidelberg: Springer Berlin Heidelberg. https://doi.org/10.1007/978-3-662-54909-4

Mattejat, F. & Pauschardt, J. (2009). Beratung in der Klinischen Psychologie. In P. Warschburger (Hrsg.), *Beratungspsychologie* (S. 171–204). Berlin, Heidelberg: Springer Berlin Heidelberg. https://doi.org/10.1007/978-3-540-79044-0_8

Mühlig, S. & Poldrack, A. (2020). Kognitive Therapieverfahren. In J. Hoyer & S. Knappe (Hrsg.), *Klinische Psychologie & Psychotherapie* (S. 647–670). Berlin, Heidelberg: Springer Berlin Heidelberg. https://doi.org/10.1007/978-3-662-61814-1_28

Nerdinger, F. W., Blickle, G. & Schaper, N. (Hrsg.). (2019). *Arbeits- und Organisationspsychologie* (Springer-Lehrbuch). Berlin, Heidelberg: Springer Berlin Heidelberg. https://doi.org/10.1007/978-3-662-56666-4

Philipsborn, P. von & Geffert, K. (2021). Gesundheitsförderung auf Bevölkerungsebene. In H. Schmidt-Semisch & F. Schorb (Hrsg.), *Public Health* (Sozialwissenschaftliche Gesundheitsforschung, S. 233–258). Wiesbaden: Springer Fachmedien Wiesbaden. https://doi.org/10.1007/978-3-658-30377-8_14

Reimann, S. & Hammelstein, P. (2006). Ressourcenorientierte Ansätze. In B. Renneberg & P. Hammelstein (Hrsg.), *Gesundheitspsychologie* (Springer-Lehrbuch, S. 13–28). Berlin, Heidelberg: Springer Berlin Heidelberg. https://doi.org/10.1007/978-3-540-47632-0_3

Renneberg, B. & Hammelstein, P. (Hrsg.). (2006). *Gesundheitspsychologie* (Springer-Lehrbuch). Berlin, Heidelberg: Springer Berlin Heidelberg. https://doi.org/10.1007/978-3-540-47632-0

Richter, M. & Hurrelmann, K. (Hrsg.). (2016). *Soziologie von Gesundheit und Krankheit*. Wiesbaden: Springer Fachmedien Wiesbaden. https://doi.org/10.1007/978-3-658-11010-9

Rönnau-Böse, M., Fröhlich-Gildhoff, K. (2020). *Resilienz und Resilienzförderung über die Lebensspanne*. Deutschland: Kohlhammer Verlag.

Schaper, N. (2019). Wirkungen der Arbeit. In F. W. Nerdinger, G. Blickle & N. Schaper (Hrsg.), *Arbeits- und Organisationspsychologie* (Springer-Lehrbuch, S. 573–600). Berlin, Heidelberg: Springer Berlin Heidelberg. https://doi.org/10.1007/978-3-662-56666-4_28

Schmidt-Semisch, H. & Schorb, F. (Hrsg.). (2021). *Public Health* (Sozialwissenschaftliche Gesundheitsforschung). Wiesbaden: Springer Fachmedien Wiesbaden. https://doi.org/10.1007/978-3-658-30377-8

Schubert, F.-C., Rohr, D. & Zwicker-Pelzer, R. (2019). *Beratung*. Wiesbaden: Springer Fachmedien Wiesbaden. https://doi.org/10.1007/978-3-658-20844-8

Stavemann, H. H. (2015). Sokratische Gesprächsführung. In M. Linden & M. Hautzinger (Hrsg.), *Verhaltenstherapiemanual* (S. 251–259). Berlin, Heidelberg: Springer Berlin Heidelberg. https://doi.org/10.1007/978-3-642-55210-6_53

Vogt, I. (2019). Grundlagen der Gesundheitspsychologie. In R. Haring (Hrsg.), *Gesundheitswissenschaften* (Springer Reference Pflege – Therapie – Gesundheit, S. 29–36). Berlin, Heidelberg: Springer Berlin Heidelberg. https://doi.org/10.1007/978-3-662-58314-2_4

Warschburger, P. (Hrsg.). (2009). *Beratungspsychologie*. Berlin, Heidelberg: Springer Berlin Heidelberg. https://doi.org/10.1007/978-3-540-79044-0

Warschburger (2009). In P. Warschburger (Hrsg.), *Beratungspsychologie* (S. 37–79). Berlin, Heidelberg: Springer Berlin Heidelberg. https://doi.org/10.1007/978-3-540-79044-0_3

WHO Europe – World Health Organisation, Regional Office for Europe (1986) *Ottawa-Charta zur Gesundheitsförderung*. Zugriff am 10.03.2022. Verfügbar unter https://www.euro.who.int/__data/assets/pdf_file/0006/129534/Ottawa_Charter_G.pdf

Willberg, H.-A. (2019). *Achtsamkeitsbasierte Kognitive Seelsorge und Therapie*. Berlin, Heidelberg: Springer Berlin Heidelberg. https://doi.org/10.1007/978-3-662-59470-4

Wolters, U. (2015). *Lösungsorientierte Kurzberatung*. Wiesbaden: Springer Fachmedien Wiesbaden. https://doi.org/10.1007/978-3-658-07752-5

Wulfhorst, B. (2019). Aufgaben und Bedeutung der Gesundheitspädagogik in den Gesundheitsberufen. In R. Haring (Hrsg.), *Gesundheitswissenschaften* (Springer Reference Pflege – Therapie – Gesundheit, S. 413–422). Berlin, Heidelberg: Springer Berlin Heidelberg. https://doi.org/10.1007/978-3-662-58314-2_38